ΒΑΣΙΚΑ ΒΗΜΑΤΑ ΣΤΗΝ ΠΡΟΣΛΗΨΗ

Τεχνικές για την επιλογή του κατάλληλου υποψηφίου

ΒΑΣΙΚΑ ΒΗΜΑΤΑ ΣΤΗΝ ΠΡΟΣΛΗΨΗ

Τεχνικές για την επιλογή του κατάλληλου υποψηφίου

γραμμένο από Caroline Cailteux
μεταφρασμένο από Lina Sideris

50MINUTES.com

ΒΑΣΙΚΑ ΒΗΜΑΤΑ ΣΤΗΝ ΠΡΟΣΛΗΨΗ

- **Προβλήματα;** Πώς να προετοιμάσετε μια πρόσληψη για ένα σχετικό αποτέλεσμα;

- **Γιατί είναι σημαντικό;** Σε μια μικρή ομάδα – και μερικές φορές ακόμη και σε έναν μεγαλύτερο οργανισμό – οι προσλήψεις είναι υπόθεση όλων και όλοι είναι πιθανό να ασχοληθούν με αυτές κάποια στιγμή. Επομένως, αξίζει να μάθετε κάποιες αρχές από την εμπειρία που θα σας βοηθήσουν να προσλάβετε τον κατάλληλο υποψήφιο.

- **Επαγγελματικό πλαίσιο;** Διαχείριση ανθρώπινου δυναμικού.

- **ΣΥΧΝΕΣ ΕΡΩΤΗΣΕΙΣ;**

  - Οι καλύτεροι υποψήφιοι βρίσκονται ακόμη εκτός της εταιρείας;

  - Ποιες είναι οι πιο συχνά χρησιμοποιούμενες μέθοδοι επιλογής;

  - Ποιες είναι οι πιο αποτελεσματικές μέθοδοι;

  - Πόσο διαρκεί η διαδικασία πρόσληψης;

  - Πόσα στάδια πρέπει να τεθούν σε εφαρμογή κατά την επιλογή;

  - Ποιος έχει λόγο στις προσλήψεις;

  - Πώς να αποφύγετε τους "ψεύτικους καλούς υποψηφίους";

Η πρόσληψη είναι μια αμφίδρομη διαδικασία που περιλαμβάνει τόσο τις δεξιότητες του υποψηφίου όσο και του υπεύθυνου προσλήψεων! Ενώ πολλές εταιρείες έχουν τη δυνατότητα να προσλάβουν επαγγελματίες προσλήψεις, μερικές φορές ανατίθεται το έργο σε άτομα με μικρή εμπειρία, ιδίως σε μικρότερους οργανισμούς. Αν αυτή είναι η περίπτωσή σας, θα βρείτε εδώ ορισμένα κλειδιά, συμβουλές και συμβουλές που θα σας καθοδηγήσουν στη διαδικασία επιλογής υποψηφίων.

Είναι γεγονός ότι οι περισσότερες προσλήψεις γίνονται βιαστικά. Κάποιος πετάγεται στο γραφείο σας και σας ζητάει να βρείτε μια λύση για χθες, παρόλο που εσείς οι ίδιοι είστε υπερφορτωμένοι με δουλειά- ο Γιουσέφ μόλις παραιτήθηκε για να πάει να εργαστεί στη Βραζιλία- η Μάριον θα πάει σε οικοτροφείο σε λίγες εβδομάδες- ο Πιερ μόλις ανέφερε ότι έσπασε το πόδι του και θα λείψει για δύο μήνες... Και ενώ εσείς συνδέεστε για να τοποθετήσετε μια αγγελία το συντομότερο δυνατό, ένας συνάδελφος σας υπενθυμίζει υποχρεωτικά ότι οι προϋπολογισμοί είναι μάλλον σφιχτοί φέτος...

STOP! Πάνω απ' όλα, μην βιάζεστε! Είναι σημαντικό να μην ξεχνάμε ότι η πρόσληψη προσωπικού αποτελεί επένδυση. Και μόνο ο χρόνος που ξοδεύετε για να βρείτε τον υποψήφιο των ονείρων σας έχει κόστος. Επομένως, αφιερώστε λίγο χρόνο για να αναλύσετε την κατάσταση: τι ακριβώς αναζητάτε; Τι ψάχνετε; Πού; Πότε; Πότε; Πώς; Για ποιον; Το τελευταίο ερώτημα είναι σημαντικό: όσο περισσότεροι άνθρωποι συμμετέχουν στη διαδικασία πρόσληψης, τόσο πιο ποικίλες είναι οι διαδικασίες που πρέπει να εξεταστούν. Θα εκπλαγείτε από τις διαφορές στις αντιλήψεις και τις προσδοκίες όσων εμπλέκονται σε μια διαδικασία πρόσληψης και επιλογής.

Αν η έννοια της πρόσληψης είναι σαν ένα κουβάρι νήμα και δεν μπορείτε να βρείτε την κλωστή, δώστε στον εαυτό σας 50 λεπτά και σύντομα θα δείτε πιο καθαρά. Εμπειρογνώμονας ή όχι, η καλή πρόσληψη είναι σαν μια καλά οργανωμένη υποδοχή. Ανεξάρτητα από τους πόρους που έχετε στη διάθεσή σας και το προφίλ των καλεσμένων, υπάρχουν ορισμένες αρχές που πρέπει να ακολουθηθούν για να διασφαλιστεί η ομαλή διεξαγωγή της εκδήλωσης. Να θυμάστε ότι αν προσκαλέσετε τους υποψηφίους να τους επιλέξουν, αυτοί θα είναι ενεργοί συνεργάτες που θα σας αξιολογήσουν με τη σειρά τους! Θα πρέπει να επιδείξετε την αίσθηση του καλωσορίσματος, τις αξίες και τις ιδιότητες της εταιρείας σας και τον επαγγελματισμό σας. Γιατί, μην με παρεξηγήσετε, δεν θα παραλείψουν να ρωτήσουν και για τις δεξιότητές σας. Έτσι, αν θέλετε η ανταλλαγή να είναι εποικοδομητική και να καταλήξει σε μια χειραψία που *θα κερδίσουν όλοι*, να είστε προετοιμασμένοι!

Η ABC ΤΟΥ RECRUITER ΕΙΝΑΙ ΕΤΟΙΜΗ

Αν και κάθε υπεύθυνος προσλήψεων εφαρμόζει τη δική του συνταγή για την πρόσληψη, υπάρχει ένα κοινό στοιχείο στη διαδικασία. Πολλοί ερευνητές έχουν ασχοληθεί με το ζήτημα της περιγραφής μιας "κλασικής διαδικασίας πρόσληψης" (LABERON Sonia *et alii*, *Psychologie et recrutement. Models, practices and normativities*, Βρυξέλλες, De Boeck, 2011). Στο σταυροδρόμι αυτών των επιστημονικών προσεγγίσεων προέκυψε η ραχοκοκαλιά της διαδικασίας, η οποία διαρθρώνεται γύρω από πέντε βασικά στάδια:

- ανάλυση ,

- η στρατηγική ,

- αξιολόγηση ,

- η επιλογή ,

- η συγκεκριμενοποίηση.

ΑΝΑΛΥΣΗ ΤΟΥ ΠΛΑΙΣΙΟΥ ΠΡΟΣΛΗΨΕΩΝ ΓΙΑ ΝΑ ΑΠΟΚΤΗΣΕΤΕ ΣΑΦΗ ΕΙΚΟΝΑ

Όταν σκεφτόμαστε τις προσλήψεις, είναι εύκολο να φανταστούμε έναν υπεύθυνο προσλήψεων ή μια ομάδα αξιολογητών να αντιμετωπίζει έναν υποψήφιο που προσπαθεί να μην χύσει το φλιτζάνι του καφέ του ενώ απαντά στις ερωτήσεις. Το πρώτο σας ένστικτο θα είναι πιθανώς να απαριθμήσετε τις παραδοσιακές ερωτήσεις που θα σκεφτόσασταν να κάνετε: "Ποιο είναι το επαγγελματικό σας υπόβαθρο"- "Ποιες είναι οι συστάσεις σας"- "Τι έχετε επιτύχει στο παρελθόν"- "Μπορείτε να αναφέρετε τρία από τα προσόντα σας και τρία από τα ελαττώματά σας"- κ.λπ. Ωστόσο, πριν ξεκινήσετε να παίρνετε συνεντεύξεις από τους υποψηφίους, είναι στο χέρι σας να κάνετε τις σωστές ερωτήσεις!

Γιατί πρέπει να κάνουμε προσλήψεις;

- Πρόκειται για τη δημιουργία μιας νέας λειτουργίας για την κάλυψη νέων αναγκών;

- Πρέπει να αντικαταστήσουμε τον Michel, ο οποίος έχει αποσυρθεί; Σε αυτή την περίπτωση, είναι προτιμότερο να επιλέξετε ένα έμπειρο προφίλ ή κάποιον πιο αρχάριο και να εξετάσετε ένα σχέδιο προπόνησης;

- Πρέπει να αντικαταστήσουμε κάποιον που παραιτήθηκε; Γιατί το έκαναν; Υπάρχει ένταση στην ομάδα;

Είναι πραγματικά απαραίτητο να κινηθεί διαδικασία πρόσληψης;

- Η απελευθερωμένη λειτουργία εξακολουθεί να είναι σχετική;

- Δεν θα έπρεπε να επαναπροσδιορίσουμε τη λειτουργία λαμβάνοντας υπόψη το μεταβαλλόμενο πλαίσιο;

- Δεν θα μπορούσε ένα υπάρχον μέλος του προσωπικού να αναλάβει τον ρόλο;

- Δεν μπορούν να αναδιανεμηθούν οι δραστηριότητες που είναι αφιερωμένες σε αυτή τη λειτουργία;

- Δεν θα μπορούσε να επικοινωνήσει ξανά κάποιος υποψήφιος από προηγούμενη επιλογή;

- Έχουμε μια δεξαμενή υποψηφίων;

Τι αντίκτυπο θα έχει αυτή η πρόσληψη στον οργανισμό;

- Θα υπάρξει ανάγκη για ευαισθησία;

- Πρόκειται για μια ευαίσθητη λειτουργία σε ένα επιχειρηματικό κλίμα κρίσης;

- Πρόκειται για μια κρίσιμη λειτουργία που πρέπει να καλυφθεί γρήγορα;

- Είναι τα θέματα των ενδιαφερομένων μερών στην πρόσληψη τα ίδια;

- Υπάρχουν κρυφές απαιτήσεις; Για παράδειγμα, έχει ο ανάδοχος μελλοντικά σχέδια για τη λειτουργία που δεν αναφέρει αυθόρμητα και τα οποία θα μπορούσαν να επηρεάσουν το προφίλ; Αναζητά ο διευθυντής ένα συγκεκριμένο προφίλ προσωπικότητας για να κινητοποιήσει ή να μετριάσει ένα άλλο προφίλ μέσα στην ομάδα;

- Είναι οι αντιλήψεις της λειτουργίας οι ίδιες για τα διάφορα ενδιαφερόμενα μέρη στην πρόσληψη;

Ποιο μπορεί να είναι το κόστος της πρόσληψης;

- Ποιος είναι ο αντίκτυπος αυτού του νέου μισθού στον προϋπολογισμό του προσωπικού;

- Υπάρχουν κίνητρα ή οφέλη για τη μείωση του κόστους;

- Συνδέεται η λειτουργία με συμφωνία επιχορήγησης;

- Ποιο θα είναι το έμμεσο κόστος αυτής της πρόσληψης; Πόσος χρόνος θα χρειαστεί; Πόσα άτομα θα χρειαστούν για τη διαδικασία επιλογής;

- Ποιοι είναι οι τρόποι χρηματοδότησης της δημοσίευσης της αγγελίας και οι μέθοδοι επιλογής;

Μόλις απαντήσετε σε αυτές τις ερωτήσεις και καταφέρετε να τοποθετήσετε τη διαδικασία πρόσληψης στο πλαίσιο της στρατηγικής του οργανισμού, μπορείτε να προχωρήσετε στο επόμενο βήμα: τον καθορισμό της ίδιας της στρατηγικής πρόσληψης.

ΚΑΘΟΡΙΣΤΕ ΤΗ ΣΤΡΑΤΗΓΙΚΗ ΓΙΑ ΤΗ ΔΗΜΟΣΙΟΠΟΙΗΣΗ ΤΟΥ ΑΙΤΗΜΑΤΟΣ ΣΑΣ

Σε αυτό το στάδιο, έχετε συνήθως μια γενική εικόνα της διαδικασίας. Γνωρίζετε, για παράδειγμα, ότι πρόκειται για την αντικατάσταση της Μάριον που συνταξιοδοτείται- ότι η Τζεραλντίν ήθελε τη θέση, αλλά δεν έχει τις ικανότητες να την αντικαταστήσει- ότι ο διευθυντής θέλει να προσλάβει ένα νεότερο προφίλ, επειδή πιστεύει ότι οι ιδέες της θα είναι πιο καινοτόμες- ότι θα πρέπει να επικοινωνήσετε με τον Λουί για να του ζητήσετε να γίνει ο δάσκαλός της και να σχεδιάσετε ένα πρόγραμμα κατάρτισης που θα σχετίζεται με τις ιδιαιτερότητες της εταιρείας.

Πριν επενδύσετε την ενέργειά σας στη διαφήμιση μιας θέσης εργασίας και στη συνάντηση με πιθανούς υποψηφίους, είναι σημαντικό να αφιερώσετε λίγο περισσότερο χρόνο για να αναπτύξετε τη στρατηγική πρόσληψής σας.

Η περιγραφή της θέσης εργασίας – Τι ψάχνω;

Το οριζόντιο ερώτημα στη διαδικασία πρόσληψης είναι κατά πόσον το προφίλ του υποψηφίου αντιστοιχεί στο ζητούμενο προφίλ. Συνεπώς, η πρόκληση θα είναι να καθοριστεί το αναμενόμενο προφίλ, λαμβάνοντας υπόψη διάφορες διαστάσεις:

- ο σύνδεσμος μεταξύ της λειτουργίας και του οργανισμού:

    - η αποστολή στη συνολική δυναμική της εταιρείας,

    - τη θέση στο οργανόγραμμα,

    - περιθώρια ελιγμών και ευθύνες,

    - Αναμενόμενες αξίες, που αντικατοπτρίζουν την εταιρική κουλτούρα,

- η λειτουργία:

    - τις δραστηριότητες που θα εκτελεί το άτομο,

    - τα αναμενόμενα επιτεύγματα, δεξιότητες ή ταλέντα,

    - τις προϋποθέσεις και τους όρους πρόσβασης στη λειτουργία

- η σύνδεση με το άμεσο εργασιακό περιβάλλον:

    - τις ιδιαιτερότητες των συνθηκών εργασίας (μόνος, ομάδα, εσωτερικοί χώροι, εξωτερικοί χώροι, νυχτερινές ώρες κ.λπ.),

    - προσωπικά χαρακτηριστικά που ευνοούν την ένταξη στην ομάδα,

    - φυσικούς, περιβαλλοντικούς και ψυχοκοινωνικούς κινδύνους που σχετίζονται με την άσκηση της λειτουργίας.

Η περιγραφή των θέσεων εργασίας, η οποία εξακολουθεί να παραμελείται συχνά, αποτελεί ωστόσο τον ακρογωνιαίο λίθο της συνεκτικής διαχείρισης των ανθρώπινων πόρων. Χρησιμεύει ως πλαίσιο για ανταλλαγές και ως αφετηρία για συζητήσεις. Το περιεχόμενο μιας περιγραφής θέσεων εργασίας και το επίπεδο σύνθεσης ή εξαντλητικότητας που απαιτεί εξαρτάται από τη στρατηγική της εταιρείας στον τομέα των ανθρώπινων πόρων και το επίπεδο ωριμότητάς της στον τομέα. Ορισμένες εταιρείες δεν έχουν καν περιγραφές θέσεων εργασίας, ενώ άλλες μιλούν για διαχείριση ικανοτήτων ή διαχείριση ταλέντων.

Αν θέλετε να γράψετε μια αποτελεσματική περιγραφή εργασίας, φροντίστε να την προσαρμόσετε στο ύφος και το ρυθμό της εταιρείας σας. Αυτό που έχει σημασία είναι το έγγραφο να είναι σαφές, δομημένο και οι φορείς της διαδικασίας (χορηγοί, αξιολογητές και αποδέκτες) να συμφωνούν ως προς το περιεχόμενό του.

Τα στοιχεία που περιλαμβάνονται στην περιγραφή της θέσης εργασίας θα σας επιτρέψουν να συμπεράνετε τα κριτήρια επιλογής, δηλαδή τα χαρακτηριστικά που θα αναζητήσετε στους υποψηφίους για να διαπιστώσετε αν πληρούν ή όχι τις απαιτήσεις. Οι επιστήμονες μιλούν γενικά για "προγνωστικούς παράγοντες", θεωρώντας ότι η εμφάνιση αυτών των χαρακτηριστικών θα προβλέψει τις επιδόσεις των υποψηφίων.

Προφίλ ικανοτήτων και κριτήρια επιλογής

Η περιγραφή της θέσης εργασίας εξακολουθεί να είναι ένας θεωρητικός ορισμός των χαρακτηριστικών μιας θέσης εργασίας και των δεξιοτήτων και ικανοτήτων που είναι χρήσιμες και απαραίτητες για την εκτέλεσή της. Ας φανταστούμε ότι αναζητάτε έναν συντονιστή έργων πλήρους απασχόλησης για ένα πολιτιστικό κέντρο. Το σχέδιο βρίσκεται σε πρώιμο στάδιο και το άτομο που θα προσληφθεί θα πρέπει πρώτα να προβεί σε διάγνωση της πολιτιστικής κατάστασης στη γειτονιά. Πριν από τη δημιουργία πολιτιστικών δραστηριοτήτων, θα πρέπει να περάσει ένα χρόνο για να βολιδοσκοπήσει τη γνώμη των χρηστών του πολιτιστικού κέντρου και να σχεδιάσει ένα εξατομικευμένο πρόγραμμα δραστηριοτήτων. Θα πρέπει επίσης να έρθει σε επαφή με τις διάφορες ενώσεις και τους καλλιτέχνες προκειμένου να συνάψει συνεργασίες.

Αν ξεκινήσετε τη διαδικασία πρόσληψης πιστεύοντας ότι έχετε βρει τον ιδανικό υποψήφιο, θα πρέπει να αποδεχτείτε το γεγονός ότι δεν υπάρχει! Οι υποψήφιοι που έρχονται για συνέντευξη θα έχουν ποικίλα προφίλ:

- Η Laura εργάζεται στον πολιτιστικό τομέα εδώ και τρία χρόνια, αλλά είναι διαθέσιμη μόνο με μερική απασχόληση,

- Η Zora αναζητά την πρώτη της δουλειά και έχει κάνει πολλές καλλιτεχνικές και πολιτιστικές δραστηριότητες,

- Ο David έχει περισσότερα από δέκα χρόνια εμπειρίας στη διοργάνωση αθλητικών εκδηλώσεων,

- Ο Μάρκο είναι ένας άνετος πωλητής με πάθος για τον πολιτισμό και πολλές γνώσεις σχετικά με αυτόν. Έχει επίσης πολλούς φίλους στον τομέα και θα μπορούσε να ενεργοποιήσει γρήγορα το δίκτυό του προς όφελός σας.

Πώς μπορείτε να εντοπίσετε το πρόσωπο που θα ανταποκριθεί καλύτερα στις προσδοκίες σας; Καθορίζοντας εκ των προτέρων κριτήρια επιλογής. Μεταξύ του ευρέος φάσματος δραστηριοτήτων που συνθέτουν τη λειτουργία, ποιες από αυτές θα πρέπει να εκτελούνται κατά προτεραιότητα; Ποιες είναι οι δεξιότητες, οι ικανότητες και τα επιτεύγματα που σας λένε ότι το άτομο που κάθεται μπροστά σας θα μπορέσει πραγματικά να ανταποκριθεί στην πρόκληση; Ποιες είναι οι ενδείξεις ότι οι επιλεγμένοι υποψήφιοι θα ταυτιστούν με τις αξίες του οργανισμού σας; Ποιοι είναι οι προσωπικοί τρόποι με τους οποίους θα ενταχθούν στην ομάδα;

Για να διευκολυνθεί αυτή η έρευνα, είναι απαραίτητο να δημιουργηθεί ένα συνεκτικό πλέγμα ανάγνωσης, το οποίο θα επιτρέπει την τυποποίηση της προσέγγισης και τη σύγκριση των υποψηφίων βάσει πανομοιότυπων κριτηρίων. Καθώς κάθε αξιολογητής έχει τη δική του υποκειμενικότητα, το πλέγμα κριτηρίων θα παρέχει ένα κοινό πρίσμα ανάγνωσης που θα επιτρέπει σε κάθε αξιολογητή να τοποθετείται πιο αντικειμενικά. Συνεπώς, θα περιλαμβάνει τα χαρακτηριστικά που επιδιώκονται κατά προτεραιότητα σε επίπεδο οργανισμού, λειτουργίας και προσώπου.

 ΠΑΡΑΔΕΙΓΜΑ: ΚΡΙΤΗΡΙΑ ΕΠΙΛΟΓΗΣ ΕΝΟΣ ΣΥΝΤΟΝΙΣΤΗ ΠΟΛΙΤΙΣΤΙΚΟΥ ΕΡΓΟΥ

Σε οργανωτικό επίπεδο :

- ενδιαφέρον για τον πολιτισμό ,

- ενδιαφέρον για ανταλλαγές με εκπροσώπους του καλλιτεχνικού κόσμου,

- άνετα σε μικρές δομές με λίγους πόρους,

- άνετα σε ένα περιβάλλον που απαιτεί διαθεσιμότητα τα Σαββατοκύριακα.

Σε επίπεδο λειτουργίας :

- συνολική χωρητικότητα :

  - ερευνητικές δεξιότητες για τη διεξαγωγή ερευνών στο κοινό-στόχο,

  - αναλυτικές δεξιότητες για τη μετατροπή των αναγκών του τομέα σε δραστηριότητες,

  - δημιουργικότητα για την ευαισθητοποίηση του κοινού μέσω μιας παιγνιώδους προσέγγισης.

- ειδικές ικανότητες :

  - καλή γνώση του πολιτιστικού πεδίου, των φορέων, των πόρων κ.λπ. ,

  - Γνώση του λογισμικού επεξεργασίας κειμένου για τη σύνταξη εκθέσεων.

Στο επίπεδο του ατόμου :

- διεκδικητικός και τολμηρός να εκφράσει τη γνώμη του/της,

- ευέλικτο ωράριο εργασίας.

Εκτός από τα απαιτούμενα προσόντα, μην ξεχάσετε να ρωτήσετε τον υποψήφιο για τα κίνητρά του να ενταχθεί στον οργανισμό σας και να αναλάβει τη θέση, καθώς και για τους προσωπικούς του παράγοντες παρακίνησης (μισθός, τηλεργασία, ασφάλεια εργασίας, ισορροπία μεταξύ επαγγελματικής και προσωπικής ζωής, ευκαιρίες σταδιοδρομίας, κατάρτιση κ.λπ.). Οι πληροφορίες αυτές θα παράσχουν στον μελλοντικό διευθυντή ενδείξεις για το πώς να προπονήσει το άτομο, να ενεργοποιήσει τις δεξιότητές του και κυρίως να διατηρήσει την επαγγελματική του επένδυση με την πάροδο του χρόνου.

Όταν καθοριστούν όλα τα κριτήρια, μπορείτε επίσης να καθορίσετε τους δείκτες επιτυχίας σε αυτά τα διαφορετικά κριτήρια. Τι θέλετε να δείτε στον υποψήφιό σας για να διαπιστώσετε αν πληροί ή όχι το κριτήριο; Ορισμένοι θα επιλέξουν να δώσουν μια βαθμολογία, μετρώντας το βαθμό εκπλήρωσης του κριτηρίου σε μια κλίμακα από το ένα (καθόλου) έως το πέντε (πάρα πολύ)- άλλοι θα χρησιμοποιήσουν ποιοτικές πληροφορίες, σημειώνοντας πληροφορίες και παρατηρήσεις κατά τη διάρκεια της ανταλλαγής και περιγράφοντας την κατάσταση όσο το δυνατόν πιο αντικειμενικά.

Αν ρίξετε μια ματιά στον παρακάτω πίνακα, θα ανακαλύψετε το πλεονέκτημα της δόμησης της συνέντευξής σας. Καθώς οι υποψήφιοι συγκρίνονται με βάση τα ίδια κριτήρια, οι διαφορές μεταξύ του επιθυμητού προφίλ και του πραγματικού προφίλ του υποψηφίου γίνονται σαφέστερες. Επιπλέον, θα είναι ευκολότερο να παρατηρήσετε τις διαφορές μεταξύ κάθε υποψηφίου. Οι αξιολογητές θα μπορούν να βασίζονται στις προτεραιότητες που προκύπτουν από την ανάλυση και να προτιμούν το πρόσωπο που ανταποκρίνεται καλύτερα στις προσδοκίες όσον αφορά τα κυρίαρχα κριτήρια.

Τώρα που έχετε μια σαφή ιδέα για το τι ζητάτε και έχουμε δείξει το είδος του αποτελέσματος που θα έχετε με τη διάρθρωση της συνέντευξής σας μέσω ενός πλέγματος κριτηρίων επιλογής, μπορείτε επιτέλους να επικοινωνήσετε τις προσδοκίες σας σε μια προσφορά εργασίας!

Η προσφορά εργασίας

Η περιγραφή της θέσης εργασίας και τα κριτήρια επιλογής θα σας βοηθήσουν να δομήσετε την αγγελία πρόσληψής σας, η οποία θα περιλαμβάνει :

- περιγραφή της εταιρείας, των αποστολών και των αξιών της,

- περιγραφή της αποστολής που σχετίζεται με το επάγγελμα που θα ασκεί ο μελλοντικός εργαζόμενος και των κύριων δραστηριοτήτων του,

- περιγραφή του πλαισίου εργασίας,

- τις προσδοκίες σας όσον αφορά τις δεξιότητες και τα ταλέντα, καθώς και τα προσωπικά χαρακτηριστικά και τη διαθεσιμότητα που απαιτούνται,

- την προσφορά σας, δηλαδή το είδος της σύμβασης, τους μισθολογικούς όρους, τις παροχές, τις μελλοντικές προοπτικές κ.λπ.

Η ανάλυση που θα γίνει εκ των προτέρων θα σας επιτρέψει να προσδιορίσετε τον καταλληλότερο δίαυλο για τη διάδοση του αιτήματός σας. Υπάρχουν διάφορες δυνατότητες:

- εσωτερική επικοινωνία της προσφοράς εργασίας (βαλβίδες, ηλεκτρονικό ταχυδρομείο, εφημερίδα της εταιρείας κ.λπ.),

- δωρεάν διάδοση της προσφοράς στο διαδίκτυο μέσω δημόσιων φορέων,

- πληρωμένη διανομή της προσφοράς στο διαδίκτυο ,

- παρουσία σε εμπορικές εκθέσεις ή εκθέσεις εργασίας,

- να απευθύνεται σε γραφείο προσωρινής απασχόλησης, σε γραφείο προσλήψεων και επιλογής προσωπικού, σε κυνηγούς κεφαλών κ.λπ,

- διάδοση στα κοινωνικά δίκτυα,

- κ.λπ.

Είναι σημαντικό να δίνετε προσοχή στο περιεχόμενο και τη μορφή της επικοινωνίας σας. Σκεφτείτε το κοινό στο οποίο σκοπεύετε να απευθυνθείτε και το μήνυμα που θέλετε να στείλετε. Η αγγελία εργασίας είναι μια βιτρίνα της δραστηριότητάς σας, την οποία κάνετε ορατή στο κοινό. Όμως η πρόσληψη είναι μια αμφίδρομη διαδικασία, οπότε με όλα όσα θα ζητάτε από τους υποψηφίους, μην ξεχνάτε να τους επιστήσετε την προσοχή σε αυτά που έχετε να προσφέρετε. Το ύφος της διαφήμισής σας θα δώσει μια ένδειξη του "εμπορικού σήματος" της εταιρείας σας: είναι καινοτόμο και δυναμικό ή μάλλον κομφορμιστικό; Επιτρέπει στους υπαλλήλους της να είναι δημιουργικοί; Βρίσκεται στην αιχμή του δόρατος ενός τομέα; Έχει σημαντικές φιλοσοφικές αξίες; Και ούτω καθεξής. Αν το βιογραφικό σημείωμα δείχνει την προσωπικότητα του υποψηφίου, η αγγελία εργασίας αναδεικνύει την προσωπικότητα του εργοδότη.

ΑΞΙΟΛΟΓΗΣΗ ΤΩΝ ΥΠΟΨΗΦΙΩΝ ΜΕ ΤΗ ΣΩΣΤΗ ΜΕΘΟΔΟ

Οι μέθοδοι πρόσληψης και επιλογής διαφέρουν σημαντικά από εταιρεία σε εταιρεία, ανάλογα με το μοντέλο διαχείρισης ανθρώπινων πόρων που προτιμούν. Οι François Pichault και Jean Nizet (2000) μελέτησαν το θέμα και περιέγραψαν πέντε μοντέλα διαχείρισης των ανθρώπινων πόρων και την επίδρασή τους στη διαχείριση του εργατικού δυναμικού που εισέρχεται και εξέρχεται από έναν οργανισμό.

Έτσι, ορισμένες εταιρείες δίνουν μικρή σημασία στην επιλογή, δίνοντας προτεραιότητα στις συστάσεις από το δίκτυό τους, ενώ άλλες ενδιαφέρονται περισσότερο γι' αυτήν, θεωρώντας την ως μέρος της μελλοντικής διαχείρισης των δεξιοτήτων ή από σεβασμό στις ρυθμιζόμενες διαδικασίες, όπως για παράδειγμα στη δημόσια διοίκηση.

Ορισμένες μέθοδοι είναι πιο ακριβές από άλλες, οπότε οι πόροι που έχετε στη διάθεσή σας θα επηρεάσουν την επιλογή σας. Οι προθεσμίες που πρέπει να τηρήσετε θα επηρεάσουν επίσης το επίπεδο διάρθρωσης των συνεντεύξεών σας και τον αριθμό των σταδίων επιλογής. Να θυμάστε ότι η μέθοδος δεν κάνει την πρόσληψη, αλλά η τεχνογνωσία σας είναι αυτή που της δίνει βάθος!

ΕΠΙΛΟΓΗ ΤΟΥ ΚΑΤΑΛΛΗΛΟΥ ΥΠΟΨΗΦΙΟΥ

Προεπιλογή βάσει βιογραφικού σημειώματος και συνοδευτικής επιστολής

Το βιογραφικό σημείωμα του υποψηφίου θα σας δώσει μια πρώτη εντύπωση για το ιστορικό του και τα προσωπικά του πλεονεκτήματα. Η παρουσίασή του θα σας δώσει μια ιδέα για το πώς δομούν τις ιδέες τους και τι θέλουν να παρουσιάσουν για να σας προσελκύσουν. Η συνοδευτική επιστολή θα πρέπει να σας δίνει μια ιδέα για τα ενδιαφέροντα και τα κίνητρα τους να ενταχθούν στον οργανισμό σας.

Για να ξεχωρίσετε αντικειμενικά τις αιτήσεις, θέστε κάποια κριτήρια προεπιλογής: εμπειρία στον τομέα, ειδικές γνώσεις, γλωσσικές δεξιότητες κ.λπ. Στη συνέχεια, κατατάξτε τις αιτήσεις με βάση αυτά τα στοιχεία.

Προτού αποκλείσετε ένα βιογραφικό σημείωμα ή προτιμήσετε ένα άλλο, ερευνήστε για να βεβαιωθείτε ότι αυτό που διαφημίζεται ταιριάζει με αυτό που υπάρχει στην πραγματικότητα. Μπορείτε να το κάνετε αυτό, για παράδειγμα, τηλεφωνώντας στον υποψήφιο για να τον ρωτήσετε και να ελέγξετε τις γνώσεις και τις γλωσσικές του δεξιότητες.

👁 ΠΡΕΠΕΙ ΝΑ ΛΗΦΘΕΙ ΥΠΟΨΗ

Πολλοί αναζητούντες εργασία είναι ευέλικτοι και διαθέσιμοι, αλλά αυτό δεν σημαίνει ότι κάθονται δίπλα στο τηλέφωνο περιμένοντας την κλήση σας. Βεβαιωθείτε λοιπόν ότι ο συνομιλητής σας είναι σε καλή διάθεση πριν του πάρετε συνέντευξη, για παράδειγμα κανονίζοντας ένα τηλεφωνικό ραντεβού.

Εάν οι εντυπώσεις σας επιβεβαιωθούν, καλέστε τους για μια πιο εμπεριστατωμένη εξέταση της αίτησής τους. Εάν το αποτέλεσμα δεν ανταποκρίνεται στις προσδοκίες σας, δεδομένης της ενέργειας που επενδύθηκε, εξετάστε πρώτα τη δυνατότητα ανάκτησης της εφαρμογής με άλλη πρόσληψη. Εάν το προφίλ δεν ταιριάζει με τον οργανισμό σας ή τις θέσεις εργασίας που εκτελούνται εκεί, το βιογραφικό σημείωμα θα διαγραφεί.

Μετά τον αρχικό έλεγχο των αιτήσεων, θα πρέπει να μάθετε περισσότερα προκειμένου να αξιολογήσετε σωστά το προφίλ όσων παραμένουν στη διαδικασία. Επομένως, θα πρέπει να εφαρμόσετε τη μέθοδο επιλογής που είναι κατάλληλη για την εργασιακή σας πραγματικότητα. Εάν το δυναμικό των τριών έως πέντε υποψηφίων που εξετάζετε είναι ισοδύναμο, η εμπειρία και οι δεξιότητές τους θα τους διαφοροποιήσουν. Η πρόκληση τώρα είναι να συγκρίνετε αντικειμενικά τους υποψηφίους και να επικυρώσετε τις εντυπώσεις σας βελτιστοποιώντας τους πόρους που έχετε στη διάθεσή σας.

Για να σας προετοιμάσουμε, θα παρουσιάσουμε τη διαδικασία μιας συνέντευξης επιλογής για μια θέση συντονιστή πολιτιστικών έργων σε ένα πλαίσιο μινιμαλιστικού προϋπολογισμού.

 Η ΜΕΘΟΔΟΣ "STAR"

Η μέθοδος "STAR" είναι κατάλληλη για τις ανάγκες των προσλήψεων με σύντομη διαδικασία και χαμηλό προϋπολογισμό. Οι υποψήφιοι καλούνται να περιγράψουν συγκεκριμένες καταστάσεις του παρελθόντος που καταδεικνύουν την κινητοποίηση της στοχευόμενης ικανότητας. Θα πρέπει να δομήσουν την απάντησή τους περιγράφοντας την κατάσταση που βίωσαν (S), τα καθήκοντα που εκτέλεσαν (T), τις ενέργειες που ανέλαβαν συγκεκριμένα (A) και τα αποτελέσματα που επιτεύχθηκαν (R).

ΠΡΑΓΜΑΤΟΠΟΙΗΣΤΕ ΤΟ ΠΑΙΡΝΟΝΤΑΣ ΤΗ ΣΩΣΤΗ ΑΠΟΦΑΣΗ

Η σωστή απόφαση πρόσληψης απορρέει από τη μεγαλύτερη δυνατή αντιστοιχία μεταξύ του προφίλ του προσλαμβανόμενου ατόμου και της καθορισμένης λειτουργίας. Αυτό υπογραμμίζει και πάλι την ανάγκη προσεκτικής προετοιμασίας της πρόσληψης, συμπεριλαμβανομένης της δαπάνης χρόνου για την ανάλυση της ζήτησης και των χαρακτηριστικών προτεραιότητας που απαιτούνται για τη θέση εργασίας. Μια καλή περιγραφή της θέσης εργασίας θα σας προσφέρει ένα καλό πλαίσιο πρόσληψης. Όσο πιο δομημένη είναι η προετοιμασία και η προσέγγισή σας, τόσο πιο προφανής θα είναι η τελική απόφαση.

Ο ευκολότερος τρόπος για να κοινοποιηθούν τα αποτελέσματα των συνεντεύξεων στους υπεύθυνους λήψης αποφάσεων είναι να παρασχεθεί ένα συγκριτικό πλέγμα των υποψηφίων, στο οποίο συνοψίζονται οι παρατηρήσεις σχετικά με τα διάφορα κριτήρια και τα συμπεράσματα των αξιολογητών. Μπορείτε να προτείνετε μια κατάταξη των υποψηφίων προκειμένου να διευκολύνετε την τελική απόφαση των εκπροσώπων του οργανισμού, οι οποίοι είναι υπεύθυνοι για την πρόσληψη. Παρόλο που το δημοσιονομικό σας πλαίσιο καθορίζεται συνήθως στην αρχή της διαδικασίας, μην ξεχάσετε να συζητήσετε με τον υποψήφιο τους συμβατικούς και μισθολογικούς όρους πριν παρουσιάσετε το αποτέλεσμα της επιλογής σας. Ορισμένοι από αυτούς μπορεί να επιθυμούν να διαπραγματευτούν το μισθό και τις παροχές τους και θα πρέπει να συζητήσουν το περιθώριο ελιγμών με τον τελικό υπεύθυνο λήψης αποφάσεων. Όταν ο υποψήφιος έχει ένα σπάνιο ή εξαιρετικό προφίλ, οι όροι πρόσληψης μπορεί να χαλαρώσουν.

ΚΟΡΥΦΑΙΕΣ ΣΥΜΒΟΥΛΕΣ

- Η δέσμευση δεν λήγει με την υπογραφή της σύμβασης. Αν θέλετε να διασφαλίσετε ότι το άτομο θα δεσμευτεί στον οργανισμό σας, πρέπει να φροντίσετε να το υποδεχτείτε και να το εντάξετε μετά την ολοκλήρωση των διοικητικών διατυπώσεων. Αυτό θα συμβάλει στην ικανοποίησή τους και, επομένως, στην παρακίνησή τους. Μπορούν να γίνουν διάφορα βήματα: προετοιμασία του υλικού εργασίας, οργάνωση συνέντευξης υποδοχής με τον προϊστάμενο, εξήγηση των συνηθειών και των εθίμων της εταιρείας, διάθεση πληροφοριών, γνωριμία του νεοπροσληφθέντος με τους υπαλλήλους μέσω ξενάγησης στα τμήματα, σχεδιασμός προγράμματος κατάρτισης κ.λπ.

- Μην ξεχνάτε ότι η τελική απόφαση βρίσκεται επίσης κατά 50% στα χέρια του υποψηφίου. Εάν αυτός ή αυτή πρέπει να αποδείξει ότι είναι ικανός ή ικανή, η εταιρεία πρόσληψης πρέπει να δείξει ότι είναι ελκυστική. Προσέξτε λοιπόν τη στάση σας! Παρόλο που η διαδικασία επιλογής απαιτεί να αναλύσετε τον υποψήφιο για να δείτε αν ανταποκρίνεται στις προσδοκίες σας, μην ξεχνάτε ότι αλληλεπιδράτε με έναν πιθανό μελλοντικό συνάδελφο. Ο υποψήφιος συμμετέχει επίσης ενεργά στη διαδικασία και σας αναλύει επίσης.

- Να είστε ενήμεροι για τις διαδικασίες διακρίσεων. Τα στερεότυπά μας (προκατειλημμένες ιδέες και γενικεύσεις ορισμένων χαρακτηριστικών που σχετίζονται με κοινωνικές ομάδες) είναι η αιτία των προκαταλήψεων σχετικά με ορισμένα προφίλ. Οι νόμοι κατά των διακρίσεων και οι πολιτικές πολυμορφίας συμβάλλουν στη διοχέτευση αυτής της συμπεριφοράς. Στο επίπεδό σας, χρησιμοποιήστε τυποποιημένες τεχνικές (σύγκριση υποψηφίων με πανομοιότυπα κριτήρια επιλογής) για να εξασφαλίσετε μεγαλύτερη αντικειμενικότητα- επικεντρωθείτε στις ικανότητες και αποφύγετε κριτήρια όπως τα όρια ηλικίας στις προκηρύξεις σας.

 Το ΦΑΙΝΟΜΕΝΟ ΤΗΣ ΑΝΑΠΗΔΗΣΗΣ ΤΟΥ ΣΤΕΡΕΟΤΥΠΟΥ

Παραδόξως, αν προσπαθήσετε να διώξετε τις σκέψεις που σας φαίνονται ακατάλληλες κατά τη διάρκεια της συνέντευξης, είναι πιθανό να είναι ακόμη πιο παρούσες. Οι ερευνητές διερευνούν τρόπους αντιμετώπισης αυτών των παρενεργειών του ελέγχου του νου. Εν τω μεταξύ, το να μπείτε στη θέση του ατόμου που δέχεται τα στερεότυπα μπορεί να είναι μια καλύτερη προσέγγιση από το να προσπαθείτε να μη σκέφτεστε τις προκαταλήψεις που έχουν για το ίδιο.

- Εάν έχετε περιορισμένους πόρους για την πρόσληψη προσωπικού, θα πρέπει να χρησιμοποιήσετε μια δομημένη και προετοιμασμένη συνέντευξη, η οποία θα επικεντρώνεται στην ανάλυση των γνώσεων του υποψηφίου, αντί να κάνετε αυθόρμητες και διαφορετικές ερωτήσεις που είναι υποκειμενικές και δεν σας επιτρέπουν να συγκρίνετε τους ανθρώπους με τα ίδια κριτήρια. Αυτός ο τύπος συνέντευξης είναι πράγματι ανέξοδος και διάφορες ερευνητικές μελέτες δείχνουν ότι η εγκυρότητά του είναι σχετικά υψηλή. Αυτό υπογραμμίζει και πάλι τη σημασία της προετοιμασίας και της επιλογής των κριτηρίων για τη σύγκριση των προφίλ.

Τα κέντρα αξιολόγησης είναι πιο καθησυχαστικά, λόγω των διασταυρούμενων μεθόδων που χρησιμοποιούν, αλλά δυστυχώς πολύ ακριβά.

- Μην ξεχάσετε να διερευνήσετε τα κίνητρα του υποψηφίου. Ένα ικανό άτομο που δεν έχει κίνητρα δεν θα αποδώσει καλά. Μην ρωτάτε απλώς τον υποψήφιο αν έχει κίνητρα- η απάντηση είναι πιθανότατα θετική. Ρωτήστε τους για τα κίνητρά τους. Είναι η εικόνα της εταιρείας σας που τους προσελκύει και η επιθυμία να συνδεθούν μαζί της; Είναι η θέση εργασίας που τους ενδιαφέρει ιδιαίτερα; Έχει το άτομο κίνητρο κάποιο σχέδιο καριέρας και, αν ναι, μπορείτε να ανταποκριθείτε σε αυτό; Ποια είναι τα προσωπικά τους κίνητρα (πρόκληση, σταθερότητα, μισθός, ευκαιρίες κατάρτισης, αυτονομία);

ΟΙ ΚΑΛΥΤΕΡΟΙ ΥΠΟΨΗΦΙΟΙ ΒΡΙΣΚΟΝΤΑΙ ΑΚΟΜΗ ΕΚΤΟΣ ΤΗΣ ΕΤΑΙΡΕΙΑΣ;

Όχι. Προτού επενδύσετε σε προσλήψεις, εξετάστε τα προφίλ εντός της εταιρείας σας και τις ευκαιρίες επαγγελματικής εξέλιξης που μπορείτε να τους προσφέρετε. Αυτό αποτελεί σημαντικό παράγοντα παρακίνησης για το υπάρχον προσωπικό.

Ένα πλέγμα ανάλυσης του *κύκλου εργασιών* θα σας επιτρέψει να τοποθετήσετε τα προφίλ εντός του οργανισμού σας. Αυτό εγείρει το ερώτημα της "αντικαταστασιμότητας" του προσωπικού: ήταν ο αποχωρών υπάλληλος καλός εκτελεστής (παραγωγικότητα, ικανότητα συνεργασίας με άλλους, δυνατότητα ανάληψης σημαντικών ευθυνών κ.λπ.);) ? Είναι εύκολο να αντικατασταθεί η απόδοσή τους; Υπάρχουν πανομοιότυπα προφίλ που θα μπορούσαν να τον/την αντικαταστήσουν;

Ο πίνακας επιδόσεων/αντικαταστασιμότητας που αναπτύχθηκε από τους D.C. Martin και K.M. Bartol θα σας καθοδηγήσει σε αυτόν τον προβληματισμό.

ΠΟΙΕΣ ΕΙΝΑΙ ΟΙ ΠΙΟ ΣΥΧΝΑ ΧΡΗΣΙΜΟΠΟΙΟΥΜΕΝΕΣ ΜΕΘΟΔΟΙ ΕΠΙΛΟΓΗΣ;

Υπάρχουν διάφορες τεχνικές που θα σας βοηθήσουν να γνωρίσετε καλύτερα τους υποψηφίους:

- η μη δομημένη συνέντευξη, η οποία ευνοεί την αυθόρμητη ανταλλαγή απόψεων με το άτομο σχετικά με την επαγγελματική του πορεία και τα στοιχεία που περιγράφονται στο βιογραφικό του σημείωμα. Αφήνει την πόρτα πιο ανοιχτή στην υποκειμενικότητα,

- τη δομημένη συνέντευξη, η οποία βασίζεται σε κριτήρια επιλογής που καθοδηγούν τη συνέντευξη. Το πλέγμα αξιολόγησης των υποψηφίων βασίζεται στην περιγραφή της θέσης εργασίας. Η τυποποίηση που προσφέρει αυτή η προσέγγιση τείνει να αυξήσει την αντικειμενικότητα,

- αντιπαράθεση των υποψηφίων με κρίσιμες καταστάσεις, η οποία επιτρέπει τη μελέτη του τρόπου λήψης αποφάσεων. Η προσέγγιση αυτή λαμβάνει υπόψη την αξιολόγηση προκαθορισμένων κριτηρίων επιτυχίας,

- ψυχομετρικά τεστ, τα οποία επιτρέπουν την αξιολόγηση της νοημοσύνης των υποψηφίων, των ειδικών δεξιοτήτων τους (τεστ μνήμης, λεκτικών δεξιοτήτων, αντιληπτικής λογικής, λογικής πινάκων, ταχύτητας, αντιληπτικής οργάνωσης κ.λπ.) ή την καλύτερη κατανόηση της προσωπικότητάς τους (MBTI, SOSIE κ.λπ.),

- κέντρα αξιολόγησης, τα οποία επιτρέπουν στους υπεύθυνους προσλήψεων να παρακολουθούν τους υποψηφίους σε ατομικές ή ομαδικές καταστάσεις εργασίας (τεστ με ταχυδρομικά κουτιά, συζητήσεις, διαπραγματεύσεις, παιχνίδια ρόλων, ομαδική επίλυση προβλημάτων κ.λπ.) Οι καταστάσεις και ο συνδυασμός των δοκιμών διαφέρουν από εταιρεία σε εταιρεία και απαιτούν μία ή δύο ημέρες,

- headhunters ,

- επαγγελματικές αναφορές και συστάσεις.

ΠΟΙΕΣ ΕΙΝΑΙ ΟΙ ΠΙΟ ΑΠΟΤΕΛΕΣΜΑΤΙΚΕΣ ΜΕΘΟΔΟΙ;

Αρκετές επιστημονικές μελέτες έχουν δείξει ότι οι ακόλουθες μέθοδοι έχουν πολύ υψηλή προβλεπτική εγκυρότητα (ποιότητα της πρόβλεψης των επιδόσεων) και αξιοπιστία μεταξύ των βαθμολογητών (βαθμός συμφωνίας μεταξύ των βαθμολογητών, ο οποίος αντιστοιχεί σε μια ορισμένη αντικειμενικότητα):

- δομημένη συνέντευξη ,

- συνέντευξη κατά περίσταση ,

- τεστ ικανοτήτων και νοημοσύνης ,

- σενάρια καταστάσεων ,

- κέντρα αξιολόγησης.

Ενώ πολλοί υποψήφιοι περιλαμβάνουν συστάσεις και συστατικές επιστολές, μελέτες δείχνουν ότι η μέθοδος αυτή έχει χαμηλή αξιοπιστία μεταξύ των κριτών και χαμηλή προβλεπτική εγκυρότητα.

ΠΟΣΟ ΔΙΑΡΚΕΙ Η ΔΙΑΔΙΚΑΣΙΑ ΠΡΟΣΛΗΨΗΣ;

Ο χρόνος που απαιτείται για την πρόσληψη ποικίλλει σε μεγάλο βαθμό και εξαρτάται από πολλούς παράγοντες. Απαντώντας στις ακόλουθες ερωτήσεις θα μπορέσετε να προγραμματίσετε τη διαδικασία πρόσληψης μεταξύ των πολλών δραστηριοτήτων που έχετε να διαχειριστείτε.

- Είναι αυτή η πρόσληψη επείγουσα;

- Είναι αυτή η πρόσληψη σημαντική;

- Είναι η μη κατάληψη της λειτουργίας επιζήμια για την εταιρεία; Εάν ναι, σε ποιο επίπεδο;

- Ποιες δραστηριότητες θα διακοπούν και τι επιπτώσεις θα έχει αυτό στη συνέχεια άλλων εμπλεκόμενων διαδικασιών;

- Ποια είναι η σκοπιμότητα αυτής της πρόσληψης; Διαθέτουμε τα μέσα (χρόνο, προσωπικό, εργαλεία κ.λπ.) για να πραγματοποιήσουμε αυτή την πρόσληψη;

- Βρίσκονται εύκολα τα προφίλ αυτά στην αγορά εργασίας ή είναι μάλλον σπάνια;

ΠΟΣΑ ΣΤΑΔΙΑ ΠΡΕΠΕΙ ΝΑ ΤΕΘΟΥΝ ΣΕ ΕΦΑΡΜΟΓΗ ΚΑΤΑ ΤΗΝ ΕΠΙΛΟΓΗ;

Ξεκινήστε εξετάζοντας τα κριτήρια που είναι απαραίτητα για την αξιολόγηση του προφίλ των υποψηφίων. Δεν θα πρέπει να προγραμματίζετε συνεντεύξεις που είναι πολύ μεγάλες, καθώς αυτό μπορεί να οδηγήσει σε απώλεια προσοχής και ενδιαφέροντος. Εάν έχετε έναν μακρύ κατάλογο κριτηρίων, είναι προτιμότερο να εξετάσετε διαφορετικά στάδια επιλογής παρά μία μακρά συνέντευξη.

Όσο περισσότερες πληροφορίες διασταυρώνετε, τόσο μεγαλύτερο θα είναι το επίπεδο βεβαιότητάς σας. Θα πρέπει να εξισορροπήσετε την εγκυρότητα των μεθόδων που έχετε στη διάθεσή σας με τις προτεραιότητές σας (επίπεδο επείγοντος πολλαπλασιασμένο με το επίπεδο σπουδαιότητας της πρόσληψης). Αν στοχεύσετε σωστά στις ικανότητες και δομήσετε τις ερωτήσεις σας, θα είστε σε θέση να λάβετε σωστές αποφάσεις.

ΠΟΙΟΣ ΕΧΕΙ ΛΟΓΟ ΣΤΙΣ ΠΡΟΣΛΗΨΕΙΣ;

Αν θέλετε να αυξήσετε τις πιθανότητες να επιλέξετε το σωστό προφίλ, είναι σημαντικό να περιβάλλετε τον εαυτό σας με αξιολογητές με το σωστό προφίλ. Παρόλο που διαθέτουν τα κατάλληλα μέσα για αντικειμενικές αναλύσεις, οι εκπρόσωποι του ανθρώπινου δυναμικού δεν είναι οι μόνοι καλοί αξιολογητές. Εάν πρόκειται για πρόσληψη ενός τεχνικού ή ειδικού προφίλ, συχνά αξίζει να προσκαλέσετε ένα άτομο από τον τομέα αυτό να συμμετάσχει στη διαδικασία επιλογής. Θα είναι σε θέση να επαληθεύσουν καλύτερα αυτά που λέει ο υποψήφιος και τη συνάφεια των απαντήσεών του. Η επαφή με τον διευθυντή δεν είναι άχρηστη, καθώς η εργασιακή σχέση θα έχει σημαντικό αντίκτυπο στην ποιότητα των μελλοντικών επιδόσεων. Σε ορισμένες εταιρείες ο επιτυχών υποψήφιος έρχεται επίσης σε επαφή με την ομάδα πριν ληφθεί η τελική απόφαση.

 ## ΤΑ ΣΥΝΑΙΣΘΗΜΑΤΑ ΠΑΙΖΟΥΝ ΡΟΛΟ ΣΤΗΝ ΑΠΟΔΟΣΗ ΤΗΣ ΟΜΑΔΑΣ!

Αρκετοί ερευνητές συνιστούν εκπαίδευση σχετικά με τις συναισθηματικές πτυχές που παίζουν ρόλο στις ομάδες εργασίας. Διαπίστωσαν ότι τα θετικά συναισθήματα αυξάνουν την απόδοση της ομάδας, ενώ οι συγκρούσεις έχουν το αντίθετο αποτέλεσμα. Εκτός από τις δεξιότητες, είναι επομένως σημαντικό να διασφαλιστεί ότι η προσωπική λειτουργία του υποψηφίου ταιριάζει με την κουλτούρα της ομάδας και το είδος της διοίκησης.

ΠΩΣ ΝΑ ΑΠΟΦΥΓΕΤΕ ΤΟΥΣ "ΨΕΥΤΙΚΟΥΣ ΚΑΛΟΥΣ ΥΠΟΨΗΦΙΟΥΣ";

Ο καλύτερος οδηγός σας θα είναι το πλέγμα επιλογής σας, το οποίο θα βασίζεται σε αντικειμενικά κριτήρια. Μια μελέτη που αναφέρεται στο βιβλίο της Sonia Laberon κ.ά. δείχνει ότι ενώ οι υπεύθυνοι προσλήψεων αναζητούν διαφορετικές τεχνικές δεξιότητες, τείνουν να αναζητούν παρόμοια χαρακτηριστικά προσωπικότητας: διαπροσωπικές δεξιότητες, δυναμισμό, ικανότητα ακρόασης, πρωτοβουλία, αυστηρότητα, αυτονομία, διαθεσιμότητα και οργάνωση.

Παρόλο που αυτές οι ιδιότητες είναι ελκυστικές, αναρωτηθείτε αν ανταποκρίνονται στο προφίλ της ομάδας και στο εργασιακό πλαίσιο. Δεν έχει νόημα να προσλάβετε ένα πολύ αυτόνομο προφίλ σε μια λειτουργία που αφήνει μικρή ελευθερία στην εφαρμογή! Το γεγονός ότι ο υποψήφιος είναι φιλικός, χαμογελαστός και μοιράζεται κάποια από τα πάθη σας δεν σημαίνει ότι θα έχει καλή απόδοση. Και επειδή κάποιος είναι εσωστρεφής και ντροπαλός στη συνέντευξη δεν σημαίνει ότι δεν θα αποκαλύψει υπέροχα επαγγελματικά ταλέντα. Προετοιμάστε την πρόσληψή σας και εξοπλίστε τον εαυτό σας με δομημένες μεθόδους για να κρατήσετε την υποκειμενικότητά σας μακριά.

ΓΙΑ ΝΑ ΠΡΟΧΩΡΗΣΕΤΕ ΠΕΡΑΙΤΕΡΩ

ΒΙΒΛΙΟΓΡΑΦΙΚΕΣ ΠΗΓΕΣ

AZZOPARDI (Gilles), *Réussir les nouveaux tests de QI*, Γαλλία, Marabout, 2006.

DUMONT (Muriel) και YZERBYT (Vincent), « Le contrôle mental des stéréotypes : enjeux et perspectives », στο *L'année psychologique*, 2001, τόμος. 101, αριθ. 4, σ. 617-653.

KREBS HIRSH (Sandra) και KUMMEROW (Jean M.), *Introduction to Psychological Types in Organisations*, Zellik, Alert Management Consultants, 1999.

MARTIN (D.C.) και BARTOL (K.M.), "Managing Turnover Strategically", στο *Personnel Administrator*, 1985, αριθ. 30, σσ. 63-73.

LABERON (Sonia) *et alii*, *Ψυχολογία και προσλήψεις. Models, practices and normativities*, Βρυξέλλες, De Boeck, 2011.

PICHAULT (François) και NIZET (Jean), *Les pratiques de gestion des ressources humaines*, Paris, Seuil, 2000.

XIAO-YU LIU (Charline), HÄRTEL (E.J.) and JIAN-MIN SU (James), "The Workgroup Emotional Climate Scale: Theoretical Development, Empirical Validation, and Relationship With Workgroup Effectiveness", στο *Group & Organizational Management*, 2014, Vol. 39 (6), pp. 626-663.

ΠΡΟΣΘΕΤΕΣ ΠΗΓΕΣ

www.selor.be

www.fedweb.belgium.be

www.acompetenceegale.com

Θέλουμε να σας ακούσουμε!
Αφήστε ένα σχόλιο για την ηλεκτρονική σας βιβλιοθήκη
και μοιραστείτε τα αγαπημένα σας βιβλία στα μέσα κοινωνικής δικτύωσης!

Κύριο ISBN: 9782808664462
ISBN: 9782808671880
Νόμιμη κατάθεση: D/2023/12603/510

Ψηφιακός σχεδιασμός: Primento,
ο ψηφιακός συνεργάτης των εκδοτών.